ATELIER DU FUTUR PAPA

Parce que les papas d'aujourd'hui ne sont sans aucun doute plus les papas d'hier !

ATELIER DU FUTUR PAPA

Parce que les papas d'aujourd'hui ne sont sans aucun doute plus les papas d'hier !

Gilles Vaquier de labaume

Copyright © 2016 – Gilles Vaquier de labaume

ISBN : 978-2-9553534-0-0

© Publication 2016

« Le Code de la propriété intellectuelle interdit les copies ou reproductions destinées à une utilisation collective. Toute représentation ou reproduction intégrale ou partielle faite par quelque procédé que ce soit, sans le consentement de l'auteur ou de ses ayant droit ou ayant cause, est illicite et constitue une contrefaçon, aux termes des articles L.335-2 et suivants du Code de la propriété intellectuelle. »

Achevé d'imprimer en 2016

Dépôt légal : octobre 2016

Création de la mise en page et distribution du livre :
www.ebook-creation.fr
L'auto-édition facile ! Pour ebook et livre papier.

À PROPOS DE L'AUTEUR

Gilles Vaquier de labaume

Ex formateur en pharmacie (Laboratoires Pierre Fabre)

Diplôme d'État petite enfance (2016)

Père de 2 enfants

Passionné par le monde de la petite enfance

La formation a été co-écrite avec Marianne Machetel. Merci à Émeline Bouillot, auxiliaire de puériculture, pour son aide.

Spéciale dédicace à ma fille, Margot.

Les enfants ne se développent pas tous à la même vitesse et de la même façon dans tous les domaines.

L'information sur ce support est conçue pour être générale.

Les marques citées dans ce support n'ont pas de lien commercial avec l'**Atelier du futur papa**.

Ce livre est le support pédagogique brut d'une formation que je dispense sur une journée, tous les samedis du mois à Paris 15ème. Vous ne bénéficierez donc pas des commentaires du formateur avec ses conseils personnalisés, ses exemples, ses démonstrations, ses tableaux, ses images, ses vidéos, ses exercices pratiques et un visuel sur le matériel de puériculture.

HISTOIRE

Étant passé par toutes les aventures et mésaventures inhérentes à la vie de papa débutant, j'ai eu envie en tant que formateur professionnel, de retranscrire le fruit de mes riches et nombreuses expériences (parfois chaotiques) de cette vie bien remplie afin d'offrir la possibilité aux futurs papas d'éviter ces gestions approximatives. J'ai donc décidé de me perfectionner et de donner tous les outils à ceux qui, comme moi, veulent viser cet objectif inatteignable, du « parfait papa ».

Avec son enfant, on se doit d'être au top, il mérite bien cela, après tout, nous avons pris une décision pour lui.

Parce que nos chers trésors ne peuvent pas se contenter d'approximations :

Bienvenue à l'Atelier du futur papa

CITATIONS

LA TRANQUILLITÉ, C'EST PLUS LE QUOTIDIEN !

C'est un projet !

Père :
Tiers séparateur (psychologie) il enveloppe la mère qui elle même enveloppe l'enfant.

Le père est le chef d'orchestre des émotions de sa famille !

C'est une invitation à un voyage au plus profond de soi que nous offre l'interactivité avec les enfants.

LE RÔLE DU PAPA A CHANGÉ : 20ÈME SIÈCLE

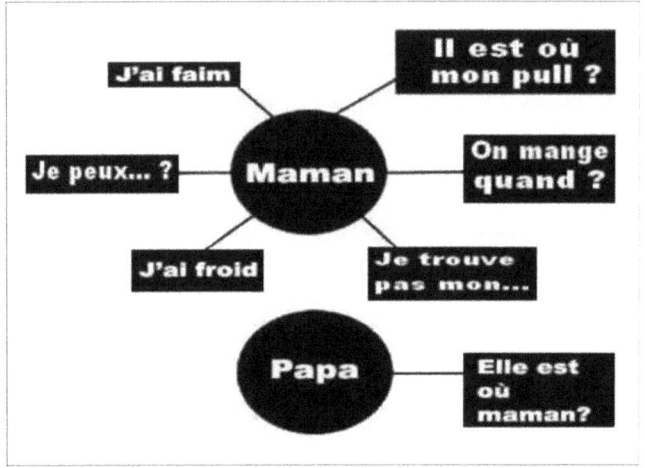

21ÈME SIÈCLE

1980 :

Mettre des limites à son enfant

2016 :

Aider son enfant à dépasser ses limites

Objectifs d'une formation

- **Connaissances** : astuces, conseils, informations, exemples, etc.

- **Vocabulaire** : relatif à l'environnement sur lequel porte la formation.

- **Prise de conscience** : ampleur et étendu de l'univers abordé ainsi que de son propre champ de compétences. Interactivité avec le groupe. Écoute de cas particuliers.

- **Des exercices** : simulation, mise en situation.

Objectifs de ce stage pour futurs papas :

- Connaître l'univers des bébés et leurs besoins
- Comprendre leurs comportements
- Savoir anticiper leurs demandes
- Organiser leur sécurité
- Avoir des réactions adaptées aux différentes situations
- Être force de proposition pour leur développement

Laurence Rameau : « Jamais plus l'enfant, en grandissant, n'aura l'ouverture et la soif d'explorer qu'il a entre 0 et 3 ans ».

Atelier du futur papa regroupe tout ce qu'un papa digne de ce nom doit impérativement savoir avant de se lancer dans cette immense, formidable et incroyable aventure : Devenir père !

Les 6 modules :

1 - Les équipements, le matériel
   Sous-modules (accouchement, bébé arrive, les parents, papa, votre nouvelle vie)
2 - La communication bienveillante
3 - Excercices pratiques
   Sous-modules (sommeil, alimentation)
4 - La prévention des risques
5 - Astuces
6 - Conseils

GÉNÉRALITÉS

AKAS :

Tribu d'Afrique centrale. Ils sont déclarés meilleurs papas du monde ! Les Akas font 100% des taches habituellement réservées aux mamans !

- **Nouveau-né** : enfant de moins d'1 mois.
- **Nourrisson, bébé** : enfant de 1 à 24 mois.
- **Babi** : bébé aux besoins intenses.

Un enfant naît aux alentours de la **39ème semaine**.

Terme **41 semaines** (aménorrhée).

Avant **37 semaines**, on parle de prématuré.

Avant **32 semaines**, on parle de « grand prématuré ».

Quelques chiffres :

- La durée moyenne des contractions est de **45 s**
- Le col se dilate d'**1cm/heure**
- La naissance dure de **8 à 14h**
- Le périmètre crânien de **32 à 36 cm** et augmente de **1,5cm/mois** pendant **les 6 premiers mois**.
- Accouchement par le siège : **4% des naissances**.

- **2000 naissances** (en moyenne)/jour en France
- 1 bébé né dans le monde toutes **les 4 secondes**.
- **800.000 naissances** en moyenne en France chaque année.
- Plus de **200 couches** changées le 1er mois.
- Fête des pères : 3ème semaine de Juin.
- 1 bébé sur **2000** naît avec une ou deux dents.
- Césariennes : **20% des cas.**

La couvade :

Désigne les hommes qui développent des symptômes typiques des femmes enceintes **(prise de poids, nausées…)**.

La **HAS** fixe pour la 1ère fois une durée standard de séjour en maternité :
- 72 à 96 heures (voie basse).
- 96 à 120 heures (césarienne).
- **PMI** : Protection maternelle et infantile (0-6 ans).
- **Maisons de naissance :** Gérées par des sages-femmes.

Haptonomie :

- Science de l'affectivité, bienfaits du toucher et des interactions affectives.

- En prénatal, l'haptonomie favorise le développement des liens affectifs entre la mère, le bébé et le père, en améliorant la position du fœtus dans l'utérus. Cette pratique de communication par le toucher faciliterait l'accouchement.

Les maternités :

Il existe 3 niveau de maternités classées :

- **1** : grossesse qui ne présente aucun risque.
- **2** : service de néonatologie (+ de 33 semaines).
- **3** : service de réanimation néonatale, suivit des grossesses pathologiques (grands prématurés moins de 33 semaines).

Poids :

- A la naissance, un bébé pèse entre 2,5 et 4kg. Il perd ensuite entre 5 et 10% de son poids lors des premiers jours, mais les rattrape vite.
- Le nouveau né est relativement peu demandeur de lait dans les premières 24/36h de sa vie.

Taille :

Il mesure entre **46 et 55cm.**

Croissance :

- Au cours de ses **3 premiers mois**, bébé a une croissance impressionnante, il prend en moyenne **30g par jour**.
- Le cerveau du nouveau-né possède déjà **100 milliards de neurones**.

1er check up bucco-dentaire

3 ans

1er sourire-réponse

3 mois

Préhension volontaire

5 - 6 mois

Maintient de la tête

3 mois

La vue :

Il voit à **20/30 cm** le 1er mois.
Il ne commencera à voir nettement que **vers 2 ou 3 mois**.
Sa vision devient correcte à **4 mois**.
Pour les premiers livres de votre bébé préférer des imagiers en noir et blanc pour stimuler sa vision.

L'odorat :

Bébé a ses récepteurs olfactifs à maturité dès la naissance.

Le langage :

Entre 1 et 5 mois : il babille (voyelles).
Entre 6 et 9 mois : doublement de syllabes (mise en place des consonnes).
Entre 9 et 15 mois : 1er mot, « mot phrase ».
A partir de 18 mois : phrases, « papa patit », « moi » et « non ».
2 ans et demi : mots outils.
3 ans : le langage est constitué.

L'ouïe :

A la naissance, son ouïe est parfaitement opérationnelle.
Bébé différencie les syllabes très tôt.

D'une manière générale :

La naissance est violente pour bébé, respirer pour la première fois lui demande un effort considérable puisque **200 millions d'alvéoles** respiratoires se gonflent en même temps. De plus il subit un changement brutal de température.

Principe de permanence : (Jean Piaget)

Vers le 8ème mois bébé commence à comprendre que ce qui disparaît de son champ de vision ne disparaît pas totalement **(période : cache-cache/coucou).**

Score d'Apgar :

A la maternité, dès la première minute de vie le médecin vérifie qu'il respire bien, que son cœur bat, qu'il est tonique et qu'il réagit bien aux stimulations. Test 1', 5' et 10'.

Examens :

(2 ou 3ème jour)

- Signe du ressaut ou d'Ortolami : dépister la luxation congénitale de la hanche.
- Test de Guthrie-TSH : dépister 5 maladies graves (mucoviscidose, dépranocytose...).

Examens médicaux :

- 1 à 6 mois : tous les mois puis 9 et 12 mois.
- 1 an/2 ans : tous les 4 mois.
- 1er bilan : 4ème année.

Le carnet de santé :

Dossier médical individuel, édité par le conseil départemental.

Le développement psychomoteur :

- Sa maturation cérébrale
- Ses échanges affectifs (qualité)
- Son environnement (stimulations)

Quelques étapes :

- 0-18 mois : intelligence sensori-motrice.
- 10 mois : signification du « Non ».
- 2 ans : phase d'opposition. (c'est une manière d'affirmer qu'il existe à part entière).
- 2 ans et demi : « Moi » ; « Non » (désir de faire seul) 3 ans : « Moi » ; « Je ».
- 3 ans : c'est la période de la crise de la personnalité, du bonhomme têtard, de l'imaginaire et du merveilleux.

Apprentissages sociaux :

Langage, savoir-vivre, règles.

On observera 5 progrès de son enfant :

- Les progrès en motricité
- Le langage
- La compréhension
- L'éveil des sens
- La socialisation

1 ÉQUIPEMENTS

Les équipements sont présentés en mode photo lors de la formation, retrouvez la liste en fin de livre.

Poussette :

Pack trio
Nacelle (0-3 mois) coque (3/6 mois), hamac (6 mois).

Poussette canne :

Pliage en 3 D.

Pas de station prolongée dans le siège auto ou la poussette.

Biberons :

Verre, plastique, silicone

Verre :

+ Reste translucide
+ Côté traditionnel
+ Sans odeur

- Cassant
- Lourd
- Limité quand bébé grandit

Plastique :

+ Léger
+ Bébé tient son bib
+ Incassable

- Devient opaque
- Vieillit mal
- Bisphénol A

Tétines :

Forme :
Plates : moins de coliques
Rondes : plus proches de la succion naturelle

Matière :
Silicone : moderne et résistant
Caoutchouc : laisse un goût et moins résistant

Toujours stériliser les tétines neuves.

LE « SPROUTLING BABY MONITOR »

Dispositif de surveillance de la santé des bébés. Le capteur Sproutling va mesurer le **rythme cardiaque** du bébé, sa **température épidermique**, ses **mouvements** ainsi que les **températures de la pièce**, le **taux d'humidité** et le **niveau de luminosité**.

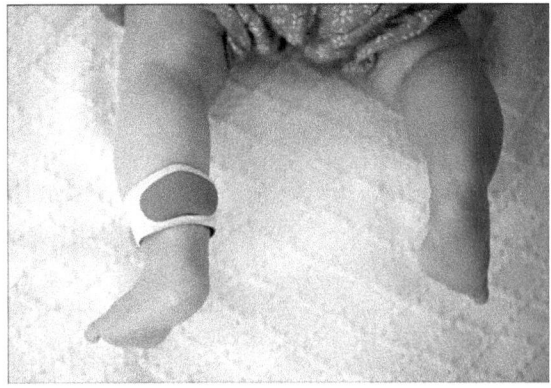

LES PRÉPARATIFS POUR LA MAMAN

- Ceinture de soutien pendant la grossesse
- Valise pour la maternité

LES INDISPENSABLES POUR LE PAPA

- Gel main antibactérien
- Porte bébé
- Chaussons de maison pour vous et sur-chaussons à disposition pour les invités

L'ACCOUCHEMENT

Le déclenchement :

Provoquer la mise en place artificielle du « travail ».

- Décollement des membranes (provoque des contractions qui vont agir sur le col)
- Sonde de Foley (petit ballon que l'on gonfle sur le col de l'utérus qui va induire le travail)
- Gel à base de prostaglandines
- Rupture artificielle de la poche des eaux
- Perfusion d'ocytocine de synthèse

Accouchement :

C'est un espace et un temps de transition où l'imaginaire glisse vers la réalité. Votre présence est importante. On parle souvent de l'unité du couple, et c'est peut-être dans **ces quelques heures qui vont entourer la naissance de votre enfant que l'unicité de votre couple va être la plus forte !**

Rôle du papa :

- Présence
- Soutien
- Accueil (peau à peau)

- Montrer que l'on porte le plus grand soin à son conjoint pour l'aider à s'installer dans son petit cocon est déjà un moteur important pour favoriser la production des hormones qui l'aidera à mettre au monde l'enfant.
- L'ocytocine est une puissante alliée pour rendre les contractions plus efficaces mais aussi moins douloureuses. C'est aussi un « euphorisant ».
- Attention tout de même au syndrome du coach !
- Vocabulaire : travail, dilatation, effacement, expulsion, délivrance, monitoring, épisiotomie, forceps.

Le placenta :

C'est un organe unique qui connecte physiquement et biologiquement l'embryon en développement à la paroi utérine.

Le placenta apporte l'eau, les nutriments et le dioxygène dont bébé a besoin. Il évacue aussi le dioxyde de carbone et les déchets métaboliques.

Le cordon ombilical :

Ligne de vie qui relie bébé au placenta et permet l'acheminement des éléments indispensables à son développement.
Il mesure **50** à **70 cm,** à l'intérieur il y a deux artères et une veine. Il est dépourvu de nerfs.
10 à **15** jours pour cicatriser.

Le vernix caseosa :

Le vernix protège la peau de bébé pendant la grossesse lorsqu'il baigne dans le liquide amniotique. Il forme une barrière naturelle.

Bébé arrive

Aucun homme ne peut savoir ce que signifie la vie, ce que signifie le monde, ce que signifie les choses avant d'avoir un enfant et de l'aimer.
A cet instant, l'univers tout entier bascule et rien ne sera plus jamais comme avant.
Lafcadio hearn (1851-1904)

Arrivée à la maison : lui faire visiter les lieux et lui expliquer les différentes pièces.

Vitamines

<u>**Vitamine D :**</u>

Permet la fixation osseuse du calcium

Prévient du rachitisme : maladie de la croissance due à un déficit de vitamine D (déformation des os et des cartilages).

Quotidiennement chez tous les nourrissons (surtout chez les bébés nourris au sein) et pendant l'hiver entre 18 mois et 5 ans et à l'adolescence.

Vitamine K1 :

La vitamine K intervient dans la coagulation normale du sang, elle joue aussi un rôle dans la minéralisation osseuse et la croissance cellulaire. Elle est insuffisamment synthétisée par le nouveau né.

Pour ne pas prendre de risques, les bébés reçoivent systématiquement une dose de vitamine K au moment de la naissance et au 3ème jour de vie.

La vitamine K de la mère ne passe pas dans le lait. Pour les enfants nourris au sein, il y aura en plus une prescription de vitamines K1.

Si vous optez dès la naissance pour une alimentation au biberon, le lait artificiel contient tous les nutriments dont votre enfant a besoin, y compris la vitamine K.

Le fer :

A la naissance, ses réserves sont suffisantes pour couvrir les besoins en fer au cours des six premiers mois de vie.
L'allaitement maternel exclusif après l'âge de 6 mois ne permet pas de couvrir tous ses besoins en fer.

LES PARENTS

L'arrivée d'un enfant aussi est une grande source de stress et d'angoisse pour les parents ! Dans l'histoire du couple c'est un évènement troublant qui peut devenir source de conflits. Il faudra donc **entretenir son couple par des moments « à deux »**.
1 couple/4 se sépare 1 an après l'arrivée de bébé !
Appuyer sur le bouton « reset » de son couple.
Attention au 'Baby-clash' !
Offrir un joli cadeau de naissance à son conjoint.

PAPA

Un papa est là pour ajouter une touche de magie et d'inattendu à l'enfance. (Sian Morgan)

Un enfant est une « zone d'épreuve » pour un adulte (cela explique pourquoi certains réagissent un peu brutalement à leur égard) car l'enfant oblige, impose à une remise en question et à une quête de solution, bref, il demande de l'implication positive et par voie de conséquence une réflexion pour l'adulte (afin de trouver des activités intéressantes comme des sanctions positives). De plus, un enfant à besoin d'être souvent occupé à cause de son énergie et de sa soif de découverte, autant dire que tous les adultes (moi le premier) ne peuvent pas être à la juste hauteur de cet immense défi, non pas du quotidien, mais de tous les instants.

Papa : distributeur automatique ultra généreux d'énergie extra positive.

Être papa :

Trois choses à garder en tête :

- **L'éducation** : où en suis-je avec mon enfant ? Que devrais-je améliorer dans ma manière de faire ?
- **L'épanouissement** : où en suis-je avec mon enfant ? Où en est-il lui-même ? Que devrais-je améliorer ? Où en est-il avec sa façon de se construire ?
- **Mon couple** : où en suis-je avec mon conjoint ? Marques d'attentions, activités communes, temps de discussion sur le couple.

Un papa va au bout de ses forces pour porter sa famille le plus loin possible.

La clé : accepter de changer soi même en fonction de l'évolution des besoins de son enfant.

UN ENFANT EN 3 MOTS :

- **ATTENTION** (amour, tendresse, échange). Il requiert énormément d'attention pour le surveiller, le diriger et le comprendre.
- **CREATION** (imaginaire, jeux, liberté, connaissance) plus il découvre plus il est heureux.
- **INCONSCIENCE** (prise de risque, aventure, découverte, liberté) il va à la rencontre de la vie.

VOTRE NOUVELLE VIE

Ses reflexes archaiques :

- L'inclinaison latérale du tronc
- La marche
- Le reflexe de moro
- Le grasping
- La reptation
- La succion automatique
- Les points cardinaux

La fontanelle :

- Les os du crâne ne sont pas soudés entre eux à la naissance. Le périmètre crânien à la naissance varie entre 33 et 38 cm.

Deux fonctions principales :

- Permettre à la tête du bébé de se modeler lors de l'accouchement pour passer par le bassin.
- La seconde est de rendre possible le développement du cerveau.

1ères selles de bébé :

- Le **méconium**, c'est une matière verte-noire collante qui ressemble à du goudron, son aspect n'est pas des plus agréables mais sa présence est le signe que les intestins fonctionnent correctement.

1ère tétée de bébé :

- Le colostrum : Il agit comme un laxatif pour aider bébé à évacuer le méconium de ses intestins.

Développement

Moteur :

- Passe du ventre sur le dos : **5 mois**
- Commence à se tenir assis : **6 mois**
- Rampe : **8 mois**
- Station debout avec aide : **9 mois**
- Marche à 4 pattes : **10 mois**
- Marche avec de l'aide : **12 mois**
- Marche seul : **14 – 16 mois**

Propreté :

- De 15 mois à 2 ans 1/2, 3 ans.
- Patience et répétition !
- Pot à disposition, féliciter, montrer, encourager.

- Quand votre enfant montera et descendra un escalier tout seul.

Conditions de la propreté :

- Maturation du système nerveux (sphincter)
- Maturation intellectuelle (comprendre ce qu'on lui demande, prendre conscience de son besoin d'éliminer)
- Maturation affective (faire plaisir)
- Rien ne presse, chacun son rythme !
- Dédramatiser les échecs

1ère sortie avec bébé :

- De 20 à 30 minutes

Bien hydrater son visage en hiver !

Éviter les lieux publics (les centres commerciaux, transports en commun...).

LES PREMIÈRES DENTS

La dentition se forme toujours dans le même ordre pour tout le monde. Ne jamais percer la gencive pour favoriser la sortie de la dent. Joues rouges, bébé bougon, main fréquemment à la bouche, érythème fessier.

Le passage d'un sourire édenté à une belle bouche peut prendre jusqu'à 3 ans.

Vous verrez apparaître sa première dent vers ses 6 mois ce qui correspond au moment où il commence à découvrir la nourriture solide.

Les dents sortent l'une après l'autre, tout d'abord les incisives inférieures, puis les incisives supérieures, les prémolaires et les molaires.
Une poussée dentaire peut entraîner un érythème fessier.

Les premières dents :

- Soulager bébé avec une solution homéopathique, un gel local, un anneau.
- Quand commencer à lui apprendre à se brosser les dents ? **Dès la 1ère dent.**
- Dose de fluor 2500 PPM = 2/6 ans.
- Changer sa brosse fréquemment.
- Plus de prescription de fluor automatique.

Poussées dentaires :

Attention aux colliers d'ambre au coucher !

LES PLEURS

Son principal moyen de communication:

Les pleurs :

Tous les bébés pleurent en moyenne **deux heures et demie par jour !**

Ne jamais laisser votre bébé pleurer tout seul !
C'est à l'âge de 6 semaines qu'un bébé pleure le plus.

Les 7 Pleurs de bébé :

- J'ai faim !
- Ma couche est sale
- Trop froid/trop chaud
- Fais moi un gros câlin
- J'ai sommeil
- Je ne suis pas bien (émotions), je suis inconsolable (coliques)
- J'ai besoin de ma tétine

Si vous êtes sa figure d'attachement principale, c'est sur vous que **l'enfant déversera sa colère**, c'est juste normal car il libère ses émotions sur la personne en qui il a le plus confiance.

<u>Pleurs de bébé</u> :

1ère cause de maltraitance en France !
Si on ne supporte plus les cris de son enfant, passer la main !

- Besoin physiologique
- Désordre émotionnel
- Frustration due à une tentative de communication inaboutie
- Manque affectif

Le laisser pleurer mais **avec vous** ! Le laisser se libérer, s'exprimer pour évacuer. L'accompagner.

Les pleurs peuvent provoquer chez les parents :
stress, anxiété, frustration, colère et sentiment d'incompétence.

Ne jamais secouer son enfant ! Le cerveau vient taper contre les parois et cela peut avoir des conséquences graves et irréversibles. Si l'on est à bout, on passe la main !

Attention aux personnes non qualifiées !

La manipulation de bébé :

Je vais chercher bébé à la crèche, tout va bien, je l'allonge pour l'habiller et d'un coup, il se met à crier : pas d'inquiétude il veut juste rester dans vos bras et s'inquiète de ne pas repartir avec vous.

De plus, il n'apprécie pas forcément d'être manipulé. Ce moment est difficile à gérer pour un enfant car il est remplit d'émotions diverses et fortes.

D'une manière générale, au début, les transitions ne sont pas faciles pour lui. **Il faut lui parler quand on va le déplacer. Verbaliser nos gestes et nos actions.**

Les bases de la communication :

Ne plus se contenter de dire des mots mais **expliquer ces mots**, donner des définitions : « Attention », faire attention = Aller plus doucement tout en regardant autour de soi. « Calme-toi », se calmer = Respire plus doucement et parle moins fort. **Verbaliser !**

Ne pas avoir peur d'être démonstratif ! Être investi au quotidien pour être crédible quand la situation l'exigera.

Pour exercer une forme d'autorité passive il faut une certaine crédibilité et l'adulte nouvellement « parent » doit la gagner.

1 Forme : tenir compte de son stade de développement.
2 Fond : adapter ses exigences à ses possibilités.

Entre 8 et 12 mois, un enfant est en capacité de comprendre des ordres simples et à 24 mois, il est capable de comprendre les ordres doubles.

Le jeune enfant n'est pas en capacité de comprendre les termes abstraits ou conceptuels.

Il ressent les émotions avant de comprendre les mots. L'intelligence est émotionnelle avant d'être verbale. Tout ce qui relève du non verbal va donc primer sur le contenu.

L'enfant, est capable de répéter mot à mot une règle que vous avez l'habitude de lui adresser, il n'est par contre, pas capable d'inhiber ses impulsions. Il ne s'agit donc pas de mauvaise volonté !

EXPRIMEZ VOTRE AMOUR !

IL EN A IMMENSÉMENT BESOIN

STOCK ILLIMITE !

Amour : 1er facteur d'épanouissement des enfants.

« Je t'aime tel que tu es, je t'aimerai toujours quoiqu'il arrive ».

« Je serai toujours le papa aimant dont tu as besoin ».

LES COLÈRES

- C'est un sentiment humain nécessaire qui permet, comme les pleurs, d'extérioriser ses émotions, et qui, lorsqu'il est modéré, fait souvent du bien ! **Donc il y a du bon dans la colère...**
- Tout simplement parce que c'est de son âge ! La colère, appelée parfois « caprice », est un **mode d'expression classique chez l'enfant.**
- Durant cette période, il prend conscience qu'il a une pensée différente de celle de ses parents. **S'opposer** est une étape indispensable qui **l'aide à s'affirmer et à se construire.**
- Il considère tout naturellement que **son plaisir passe avant tout** et il intègre les contraintes beaucoup plus difficilement qu'un adulte.
- Dans le cas très fréquent d'une colère liée à une frustration, il ressent l'intrusion de l'adulte comme **agressive et injuste** et réagit en toute bonne foi contre ce qu'il considère comme intolérable !
- **Il manifeste son impuissance à lutter contre un pouvoir parental écrasant.** Grâce à la colère, **il se fabrique une bulle,** Il occupe ainsi le terrain et retrouve sa propre toute-puissance. C'est sa façon de restaurer son identité narcissique.
- **Paul Tough** indique que les enfants de 1 an dont les parents réagissent rapidement et de manière appropriée aux cris dans les premiers mois de vie sont plus indépendants et plus audacieux que les bébés dont les parents ont ignoré les cris.

Il fait des « crises » car son cerveau lui dit de le faire, il n'a pas d'autre solution pour en sortir.

Ne pas écouter la colère, déprécie la relation.
La colère n'est que la partie émergée de l'iceberg.

Une colère peut être une excellente opportunité d'offrir de l'attention et du réconfort à son enfant !

La crise des 8 mois :

Durant sa première année, l'enfant peut traverser une période un peu difficile : **« l'angoisse du huitième mois », aussi nommée « la peur de l'étranger »**. Il éprouve aussi plus de difficultés à se séparer de vous.
C'est une **période-clé du développement** du bébé, située entre le premier sourire et l'acquisition du « non » vers 18 mois. Des étapes fondamentales dans son processus de maturation. Elle est le signe que votre bébé prend conscience qu'il peut être séparé de vous.

Cette angoisse du huitième mois est l'indice que l'enfant se développe bien.

2 La communication bienveillante

La communication :

- Si l'on crie sur un enfant **la peur va déconnecter son cerveau rationnel** et il va reproduire ce qu'on lui reproche parce qu'il n'a pas la clé pour sortir de la situation qui déclenche sa réaction de cri.
- Explication dans le calme, encourager ses efforts et expliquer les conséquences dans la bienveillance. **La respiration pour la gestion du stress ! Passer la mains !**
- Ne pas faire à sa place mais le soutenir dans sa démarche.
- Au lieu d'essayer d'imposer leur volonté, les parents auront une plus grande influence sur leurs enfants s'ils comprennent leur point de vue et s'ils les impliquent dans la résolution d'un problème. **Haïm Ginott**

L'autorité :

C'est ce qui permet à l'enfant d'assimiler les interdits fondamentaux liés à la socialisation. Sans autorité, l'enfant peut se sentir négligé, abandonné. L'ingrédient essentiel de l'autorité est la **communication**.

La colonne vertébrale de l'éducation doit être basée sur la coopération et non sur l'obéissance.
Les enfants sont sécurisés par la répétition donc le rythme de vie basé sur une série répétitive d'actes positifs sécurisant et valorisant est très important.

L'autorité facile cela se mérite !
(Être investit, montrer l'exemple)

Le parent regarde pourquoi l'enfant en désobéissant a cherché à acquérir une part de **liberté** ou une part de **connaissance**.

La frustration :

Expérience indispensable au développement de l'enfant : pour vivre en société il doit apprendre à renoncer à la satisfaction immédiate de tous ces désirs.

- Mettre des barrières sur le chemin de l'enfant, c'est aussi l'aider à avancer.
- Pas de frustrations inutile.
- Éduquer par la peur = Frein au développement du cerveau.
- Si l'on veut améliorer le comportement, il faut en premier lieu s'occuper des sentiments.
- L'enfant reçoit les émotions de plein fouet, sans filtre, il n'est ni manipulateur, ni capricieux.
- Si ce n'est pas problématique (changer une habitude ne désorganisera pas toute votre vie !
- Si cela est problématique, découvrir quel besoin exact se cache derrière un désir.

La motricité libre :

La motricité libre tel que développée par Emmi Pikler est de ne pas mettre un enfant dans une position qu'il n'est pas capable d'atteindre tout seul ou dont il ne peut pas se sortir tout seul. Laisser évoluer l'enfant librement : on l'accompagne par notre présence mais on ne fait pas à sa place !

On limite :

- **Transat**
- **Position assise**
- **Position debout**
- **Faire marcher**
- **Trotteur**
- **Chaussures**

Objectif : gagner en confiance (fierté d'y être arrivé seul), développer l'autonomie, apprendre la gestion des frustrations, trouver par lui-même des solutions, gagner en conscience en soi, travailler la coordination.

L'adulte doit aménager l'espace et assurer une sécurité affective à l'enfant (rassurer, encourager).

C'est à plat dos sur un tapis ferme mais confortable que bébé sera le plus à même de découvrir et d'expérimenter. C'est le point de départ de ses acquisitions motrices.

L'estime de soi :

L'estime de soi commence dès le début de la vie.

Un bébé doit être : regardé, admiré, nommé, encouragé, aimé, valorisé.

Donner des consignes avant de commencer une activité permet à l'enfant de ne pas se sentir blessé lorsque l'on va lui demander de stopper cette activité. Verbaliser pour séquencer.

Quand on complimente son enfant il faut détailler son compliment pour lui faire prendre conscience de ses forces.

Communication/Éducation :

- Se mettre au même niveau pour s'exprimer avec son enfant.
- Parler fermement mais pas fortement !
- **Verbaliser/Expliquer** clairement. La façon dont on parle à/de l'enfant sera la façon dont il parlera à/se considérera lui-même. Mettre des mots sur son émotion.
- Tenir sa parole (attention à ce que l'on annonce en amont). Sanction (trouver et tirer sur la bonne ficelle).
- Rappeler le pourquoi d'une sanction toujours brièvement.
- Fessée = Incapacité pour l'adulte à trouver une solution immédiate d'éducation positive. Soulagement d'un stress qui bloque la réflexion. La violence se transmet ! Lui offrir la possibilité de réparer son erreur.

- Être bienveillant, faire preuve d'empathie (perception du cercle de référence intérieur). Cercle vertueux : ocytocine.
- Il est très difficile de donner à nos enfants ce que nous n'avons pas reçu nous-mêmes ! **Attention à ne pas reproduire ses propres schémas d'enfance (phénomène de l'élastique).**

Astuces de communication :

Instaurer la règle du 5-3-1, 5 je parle ex : « on va y aller », 4 : je montre les doigts, 3 : je parle « viens s'il te plait on y va », 2 : je montre les doigts, 1 : je lui dis : « On y va ».

Supprimer les questions fermées :
- Est-ce que tu en veux ? Questions à double (faux) choix : plutôt…ou…

Être de concert avec son conjoint et si désaccord en parler sans les enfants.

Respecter son droit d'exprimer son désaccord même si dans le fond, vous ne cédez pas, vous ne fléchissez pas.

Ils aiment les règles = Il faut + verbe d'action = formulation positive favorisant l'assentiment = Adhésion, coopération. Entraîne le suivisme.
Limites = ne pas + description des interdits = formulation négative qui implique une résistance d'écoute et d'action = contrainte. Favorise l'immobilisme.

Exemples :

- « Non, ma fille le vélo c'est fini pour aujourd'hui, on rentre de suite » = la **faire participer** à accepter en lui proposant de le ranger elle-même.
- Refus d'avancer dans la rue = **jeu** : le premier qui…
- Imiter sa colère et la transformer en rire.
- Après le brossage des dents le soir : « c'est bon ma chérie, c'est fini, va dans ta chambre » = **Préférer dire** ; « maintenant, tu peux aller choisir ton livre dans ta chambre pour l'histoire du soir ».

Si vous optez pour une sanction, celle-ci doit être donnée dans la journée, et en relation avec l'acte.

- « Ne monte pas sur la table » il va retenir les mots clé « monter » et « table » et qui plus est, comme il a une approche « **sensori-motrice** », il va reproduire ce que l'on vient de lui interdire, ce n'est pas par défi, au contraire ! **Préférer dire** : « Les pieds c'est sur le sol », « La table c'est pour manger », « On marche dans la maison », etc. Pas de compréhension de la négation avant 2 ans.
- Remplacer « ne pas » par la conséquence et éviter de parler en interdit mais poser plutôt une question qui responsabilise « Ne cours pas » « As-tu envie de tomber ? » « Es-tu sur un tapis d'activité en mousse ? » « Ne marche pas dans la flaque d'eau/as-tu envie d'avoir le pied mouillé et froid ? » ; préférer dire « J'ai peur que tu ». « Attention au trou, tu vas tomber » = risque qu'il tombe vraiment. Préférer dire : « Passe bien sur le côté en allant tout droit » par exemple.

- Remplacer « **Non** » par « **Stop** » et le « **Tu** » (culpabilisant) par « **Je** ».

<u>Étapes</u> :

1. Je vais le voir, je me mets à son niveau et je ne dis rien (connexion à l'émotion).
2. Je lui dit que je comprends l'émotion et le rassure « je vois que... »
3. Créer et proposer un outil de sortie de crise, je lui fais une double proposition (choix limité), je détourne son attention, je lui fait un câlin, je lui laisse une **porte de sortie honorable,** (cela oblige l'adulte à chercher mais aussi à trouver une solution, un enfant représente donc une obligation de résultat, il peut alors devenir le miroir de nos faiblesses).

- Accompagner les émotions de l'enfant permet de favoriser le bon développement de son cerveau. **Reconnaître ses émotions !**
- **Développer un lien d'attachement sécurisant**. (montrer son amour, être là quand il a peur/peine, prenez-le dans vos bras, échangez des sourires, réconfortez).
- D'une manière générale, éviter les jugements, parler plutôt des conséquences.

<u>Se servir de la « manipulation positive »</u>

User de ses qualités et de ses faiblesses naturelles pour l'amener à agir où se comporter tel que vous le souhaitez au moment ou vous le souhaitez !

Un enfant aime beaucoup jouer : s'en servir pour le sortir de l'état de colère dans lequel il se trouve. Il est capable de passer d'un état à un autre très rapidement. Utilisez aussi le « détournement d'attention », mais rappelez-vous que ce qui compte avec un enfant c'est d'essayer ! Il suffit juste de **tirer sur la bonne ficelle** et cela implique de la réflexion, de l'engagement et des tentatives (parfois nombreuses) de la part de l'adulte responsable.

Astuce à fort taux de réussite : l'objet animé !

Refus de s'habiller, de se laver les dents…?

Donner vie et faire parler l'objet en question !

Exemple : « Bonjour, je suis ta brosse à dent, coucou, tu me reconnais ? Parce que moi je ne te re-co-nnais paaaas, et oui, cela fait trop longtemps que je ne t'ai vu ! Veux tu que je reprenne ma mission qui consiste à protéger tes dents des vilaines caries qui peuvent te faire du mal ? »

Décliner cette astuce avec tout objet en relation avec un refus de l'enfant.

Rappels :

- Il est un devoir pour les parents d'éduquer leur enfant. L'enfant ne né pas civilisé.
- Expliquer chaque règle et son utilité.
- Aucune éducation ne passe pas par le conflit !

- Plus les parents sont déterminés et moins le conflit dure.
- L'autorité rassure.
- L'enfant doit aussi connaître l'ennui pour développer son imaginaire
- Toujours bien vérifier que son enfant est dans un état intérieur de « sécurité affective » **(réservoir plein)**.

Rappel des astuces de communication

- Montrez-lui que vous comprenez ses sentiments et ses besoins, que vous entendez sa soif de **découverte** et d'**autonomie**. C'est très important !.
- Organiser une activité en tête à tête.
- Détourner son attention.
- Jouer la carte de l'humour
- Lui faire une double proposition (faux choix).
- Lui proposer d'être acteur de la solution.
- Lui demander ce qu'il propose.
- Préférer poser une question plutôt que de donner un ordre (range tes jouets/Ou vont les jouets ?)
- Faire un câlin.
- « Imagine que… »
- L'objet animé.

Être bienveillant ce n'est pas satisfaire ses désirs, c'est reconnaître ses émotions et **patienter**, c'est comprendre que c'est juste normal de répéter.

'Sois-sage' = demander à l'enfant de mettre de la raison sur une émotion, c'est tout simplement lui demander de réagir comme un adulte !

Ne pas oublier que la période d'opposition c'est un peu comme l'adolescence de l'enfant (on n'a pas de solution forcément à tout, tout le temps). Passer la main !

Le cerveau de l'enfant :

Notre cerveau est qualifié de plastique car les connexions synaptiques sont renforcées ou non, par notre environnement. Faire montre de bienveillance. Entre 1 et 3 ans, c'est le cerveau archaïque qui commande.

Tout ce qu'il perçoit dans son environnement crée une connexion, il est essentiel d'interagir positivement. Ce sont les fondations de l'architecture cérébrale de l'enfant.
Ensuite vient l'élagage synaptique (grandir c'est se spécialiser), le cerveau tri en fonction de la fréquence, les connections les plus souvent utilisées vont se renforcer, nos habitudes structurent donc le cerveau de l'enfant.

« Mais pourquoi tu fais ça ? » = stress (cortisol + adrénaline qui empêche la maturation du cerveau) c'est très dur pour l'enfant d'expliquer. Qu'est ce que tu veux me dire ?
- Cercle vertueux de l'ocytocine/hypothalamus.
- Ne pas oublier qu'un enfant c'est un tourbillon d'émotions !

Phrases à proscrire :
Ne cours pas, tu vas tomber ! Tais-toi, tu nous fatigues ! Tu me fais honte ! Je te l'avais dit, c'est bien fait pour toi ! Dépêche- toi un peu, tu me mets en retard ! Calme-toi tout de suite ! Arrête de crier !! Tu m'énerves ! Tu es un vrai bébé ! Tu me remercieras un jour ! C'est moi qui décide ! T'es vraiment pas doué ! Après tout ce que j'ai fait pour toi ! Sois sage ! Arrête tes caprices !

Chaque interaction avec un enfant n'est que l'infime trace d'un souvenir que nous lui offrons en héritage.

LE JEU

Jeux/Loisirs

Le monde de l'enfant est un monde rempli **d'émotions intenses** qui s'entremêlent de manière absolument désordonnées. **Mission de parent** : aider l'enfant à évacuer leurs émotions par le jeu.

- Exprimer ses émotions
- Atténuer ses peurs
- Baisser ses tensions
- Favoriser l'imaginaire
- Développer le langage (enrichir son vocabulaire, jeux du torchon)
- Découvrir la logique
- Favoriser la création
- Développer la confiance et l'estime de soi
- Apprendre le « chacun son tour »
- Apprendre à respecter des consignes
- Apprendre le « vivre ensemble »

Le jeu remplit le réservoir affectif, en jouant l'adulte parle à son enfant : « je suis là pour toi, tu peux me faire confiance ».

Premiers jeux avec bébé : CBB

- **C**omptines
- **B**ascules
- **B**adaboum

Jeu de miroir pour prise de conscience de sa personne.

« Le jeu c'est le travail de l'enfant, c'est son métier, c'est sa vie ». Pauline Kergomard.

Votre rôle durant l'activité : veiller à l'hygiène et la sécurité, énoncer les consignes, encourager l'enfant, favoriser l'autonomie (montrer sans faire à sa place), enrichir son vocabulaire (nommer les objets). A 3 ans l'imaginaire se confond avec le réel, c'est l'âge des jeux symboliques.

Conforter la communication : faire des rappels

Rappels de son rôle de père : ma mission est de te montrer, de te soutenir, de t'expliquer, de te préparer, de t'aider à te découvrir, de garantir ton éveil, tes connaissances, ton savoir, ton estime, ta sécurité.

Rappels des solutions pour l'enfant : lui montrer la solution qu'il peut appliquer : « Voilà comment tu peux faire, ce que tu peux répondre ».

Féliciter, encourager : l'enfant respecte bien les consignes, alors n'oubliez pas de le féliciter et de l'encourager à continuer ! **Décrire ses félicitations ! Dire le bonheur que cela vous procure.**

Prendre le temps de l'observation avec son enfant.

Bienfaits des comptines :

- Développer la mémoire, l'imaginaire, acquérir du vocabulaire, mettre l'enfant dans une dynamique positive.
- Il était un petit navire, 1, 2, 3, nous irons au bois, fais do do Colas mon petit frère, nous n'irons plus au bois, tourne, tourne petit mou- lin, j'aime la galette, meunier tu dors, au clair de la lune, l'araignée Gypsy, les petits poissons dans l'eau....

Contexte général de communication

- **Transition** (expliquer avant d'agir, préparer psychologiquement l'enfant).
- **Cadre** (règles du jeu, consignes).
- **Séquence** (activité libre où dirigée, participation de l'adulte, surveillance (hygiène, confort, sécurité).

Les peurs de l'enfant :

- **8 mois** : angoisse de la séparation (peur de l'étranger, peur de l'abandon).
- **1 an** : peur des bruits (aspirateur, téléphone, robot mixeur...)
- **18 mois** : peur des monstres, du noir.
- **De 2 à 4 ans** : peur des créatures imaginaires (sorcières, fantômes, ogres), des gros animaux, des phénomènes naturels (orages).

3 EXERCICES PRATIQUES

1 Le change de couche :

6 fois/jour dans les premiers mois.
Il est essentiel de changer **régulièrement** la couche de bébé car l'urine combinée aux bactéries des selles peut abimer sa peau et provoquer un érythème fessier. **Changer bébé avant ou après la tétée, ainsi qu'après chaque selle.**

Les bébés produisent des selles plusieurs fois par jour au début et un pipi toutes les deux heures en moyenne. Par mesure de précaution, les autorités sanitaires déconseillent l'utilisation de produits contenant du phénoxyéthanol pour nettoyer le siège des nourrissons.

- Bien repositionner les élastiques et se laver les mains après avoir changé bébé (on peut attraper un C.M.V.).
- Toujours du plus propre vers le plus sale
- **Toujours une main qui tient bébé.**
- Glisser sa couche sur le côté, ne pas le soulever par les jambes.
- Lui donner un jouet/lui parler/le regarder.
- Nommer ses membres pendant le change, lui parler, le regarder.

2 - La toilette :

L'hygiène du nez de bébé est très importante. Lui nettoyer souvent.
Changer de compresse à chaque oeil
N°1 se laver les mains

3 - Soins du cordon ombilical :

Après la naissance, vous devez effectuer les soins du cordon ombilical jusqu'à la cicatrisation.

Le cordon ombilical va tomber entre 5 et 10 jours après la naissance mais la cicatrisation n'est obtenue qu'au bout du $15^{\text{ème}}$ jour environ.

Jusqu'à ce que le cordon tombe, il est nécessaire de le nettoyer tous les jours et de maintenir l'ombilic au sec afin d'éviter une infection.

Quand ?

- Une fois par jour, après le bain de préférence, enlever les peaux mortes.
- Quand le cordon est tombé, continuez à nettoyer l'ombilic pendant quelques jours jusqu'à la cicatrisation complète.

Comment ?

- **Des compresses stériles et du sérum physiologique, ils serviront à nettoyer l'ombilic. On nettoie les résidus.** Imbiber la compresse de sérum physiologique et appliquez-la autour de l'ombilic, base vers l'extérieur.
- **Un désinfectant cutané doux,** on désinfecte à l'aide d'une compresse, la base par un geste « en virgule », on relève légèrement le cordon avec une nouvelle compresse, procéder de même vers le haut. Pensez à bien insister au niveau des plis et des creux pour éviter une infection.
- Un produit asséchant et cicatrisant.
- L'éosine est en perte de vitesse car elle masquerait une éventuelle infection.

<u>4 - Le bain</u>

Retrouver le milieu aquatique représente pour bébé un instant d'apaisement et de bien être **(cela lui rappelle le ventre de sa mère)**.

Choisir un moment où vous êtes disponible, éteignez le téléphone et savourez ce bon temps à deux. Moments uniques ! !

- Ne laissez **jamais, jamais, jamais** votre enfant seul dans la baignoire sans surveillance, **même pour quelques secondes.**
- Installez un tapis antidérapant ainsi qu'une protection pour le robinet.

Prévoir toutes les affaires pour le bain au préalable ainsi que son change.
Si possible avoir la table à langer à proximité.

Déshabiller d'abord le bas puis le haut.

Attention à la robinetterie ! ! Installer une protection.

Température de la pièce : **22-24 °C**
Température : **37 °**
Durée : **5 minutes maximum**

Toujours bien sécher les plis de bébé après le bain.

Saisir votre bébé avec le geste de sécurité spécifique pour le bain. Placer un bras derrière sa tête et saisir son bras, l'autre main sous ses fesses.

LE SOMMEIL

Bébé a besoin de dormir (18 à 20h pour un nouveau-né), il est important de ne pas le réveiller pour le changer ou le nourrir ! **(sauf cas exceptionnels sur conseil de votre spécialiste)**.

Être régulier sur les heures du coucher avec un même rituel rassurant.

- Il fera une nuit pleine au bout de 3 ou 4 mois en moyenne (maturité physiologique pour tenir une nuit sans s'alimenter).
- Entre 1 mois et 6 mois, il dort encore 15h.

Entre 6 mois et 5 ans, 30 % des enfants ont eu des difficultés de sommeil pendant plus de trois mois.

Rythme circadien (jour/nuit) 1 mois. Lui caresser le front au niveau du cuir chevelu pour l'endormir.

Ne pas fermer les stores ou les volets lorsqu'il dort en pleine journée.

Il ne faut pas se précipiter dès ses premiers signes de réveil car bébé est peut-être tout simplement entre deux cycles de sommeil.

Maintenir sa chambre à une température de **19°C**.
Au total, après une naissance, ce sont **44 jours de sommeil par an** que perdent les parents.

La crèche :

On peut mettre son bébé en crèche à partir de 3 mois.

L'adaptation dure de 1 semaine à 15 jours, de manière progressive.

C'est le moment de montrer à votre bébé que la crèche est un lieu dans lequel on peut échanger positivement avec son papa. Cela facilitera, le moment de la séparation.

L'ALIMENTATION

Les laits infantiles :

Le choix se fait généralement avec votre pédiatre ou dès les premiers jours à la maternité. Un lait infantile adapté aux besoins du nouveau-né sera proposé.

Ne changez pas un lait bien supporté.

On peut conserver un biberon 24 heures si on le met de suite au réfrigérateur (4°).

Un biberon ne doit pas être conservé à température ambiante ni consommé plus d'une heure après sa préparation. Lorsque le biberon a été réchauffé, c'est 30 minutes.

4 types de lait :

- AR/Confort
- Hypoallergénique
- Satiété
- Transit

Numéro sur les boites de lait :

- N°1 : 0-6 mois
- N°2 : 6-12 mois

La durée d'utilisation d'une boite de lait en poudre est de 3 à 4 semaines.

Critères :

- 1er critère : la teneur en protéines
- 2ème critère : rapport caséine/protéines solubles
- 3ème critère : la teneur en acides gras essentiels (oméga-3 et oméga-6)
- 4ème critère : la présence de ferments lactiques

Les laits 1er âge :

0 – 6 mois

Les laits 1er âge sont ceux destinés à être donnés dès la naissance et jusqu'au commencement de la diversification alimentaire (5 mois).
Remplace le lait maternel durant la période où bébé n'a qu'un seul aliment : le lait

Les laits 2ème âge :

Lait de suite : 6 à 12 mois.

Destinés à la période de transition vers une alimentation diversifiée (purée de légumes, bouillies).

Le lait 2ᵉ âge, 20 fois plus riche en fer que le lait de vache. Il contient des protéines, des glucides, des lipides, des vitamines (E, D) et des sels minéraux (fer, phosphore, calcium...), il apporte plus d'énergie.

Jamais avant 5 mois. Dès que bébé aura au moins un repas par jour complet sans lait. **500ml/jour.**

Les laits de croissance :

12 mois – 3 ans

Les laits de croissance adaptés jusqu'à l'âge de 3 ans sont supplémentés en vitamine D, fer, acides gras essentiels et s'adaptent aux besoins nutritionnels de l'enfant sans risque de surpoids.

LA DIVERSIFICATION

<u>La diversification</u> :

5-6 mois (selon pédiatre) : petits suisses, fromages blanc, farines, jus de fruits, légumes mixés.

1 saveur/jour : permet de déceler de potentielles allergies.

6 mois : 10g de viande et à un an 30g.

Poisson : **6/7 mois (ou 1 an selon les pédiatres).**

Oeufs : **1 an.**

Aliments mixés (6-12mois) puis moulinés.

Les laits d'amande et d'avoine sont à proscrire totalement.

Les intérêts du passage d'une alimentation lactée exclusive à une alimentation diversifiée sont :

- L'apport de nouvelles textures.
- L'apport de nouvelles saveurs.
- Les apports nutritionnels nouveaux indispensables.

Ces écrits sur l'alimentation ne se substituent en aucun cas à une consultation médicale ou aux conseils d'un professionnel de santé.

L'ALLAITEMENT

Allaitement :

- Bienfaits de l'allaitement grâce aux vertus du lait maternel (anticorps). Il contient des biomolécules permettant de lutter contre les inflammations et les infections.
- Facilité/à volonté/plus léger.
- Développe son palais.
- Plus digeste pour bébé.
- Formidable moment de complicité pour la maman et son enfant.

Le lait maternel est riche en acides gras non saturés essentiels au fonctionnement du cerveau.

Le logo d'une maman qui tient un enfant dans ses bras signifie que le commerce qui l'a apposé sur sa vitrine est équipé d'un coin « spécial allaitement ».

Allaitement = pas d'épices, pas de chou.

Il est possible de tirer le lait maternel et de le mettre dans un biberon. Papa pourra ainsi nourrir bébé. De plus cela va faciliter la transition sein-biberon.

Alimentation :

Un dosage unique pour toute les marques :
30ml d'eau : 1 mesure de lait, 60ml d'eau : 2 mesures de lait, etc…

Chaque fois que votre enfant boit facilement sa ration habituelle, augmentez la ration de : 30ml d'eau + 1 mesure de lait.

Vous allez ainsi pouvoir accompagner les besoins de bébé… sans tenir compte de tout ce que vous verrez écrit sur les doses à donner aux bébés.

Eau	Lait en poudre
90 ml	3 mesures rases de lait
120 ml	4 mesures rases de lait
150 ml	5 mesures rases de lait
180 ml	6 mesures rases de lait
210 ml	7 mesures rases de lait
240 ml	8 mesures rases de lait
270 ml	9 mesures rases de lait

Combien ?

Règle d'Appert : jusqu'à 5 mois (6kg).
Ration de lait par 24h en ml = poids de l'enfant en gramme/10 + 250 ml.

Quand ?

- Une seule réponse : quand bébé manifeste sa faim !
- C'est l'attitude de bébé lui-même qui restera pour vous le meilleur indicateur : ne forcez jamais bébé à finir un biberon et à l'inverse s'il finit très rapidement c'est qu'il est sûrement temps d'augmenter la dose.

Nuits ?

- Physiquement, on dit qu'un nourrisson peut se passer de manger pendant une nuit complète lorsqu'il a atteint les 6 kilos (4 mois).

Stérilisation des biberons :

Pendant longtemps, il a été recommandé de stériliser les tétines, biberons.
Aujourd'hui, mieux vaut un nettoyage méticuleux. Selon l'Anses (Agence nationale de sécurité sanitaire, de l'alimentation, de l'environnement et du travail), il n'y a pas lieu de stériliser les biberons à la maison.

Pierre Popowski, pédiatre-homéopathe confirme : « bébé ne vit pas dans un milieu stérile, mais en équilibre avec son environnement. »

Mais si la stérilisation n'est plus d'actualité, il faut néanmoins faire bien faire attention à nettoyer correctement le matériel de préparation du biberon.

LE BIBERON

Préparer le biberon :

1. Lavez-vous bien les mains.
2. Utilisez de l'eau minérale.
3. Avec la dosette, verser la poudre de lait dans le biberon. Les quantités sont : 1 dose de poudre pour 30ml d'eau.
4. Faire rouler le biberon entre ses mains pour mélanger et non de haut en bas.

Notions de base :

- Température : **33/37°**
- Chauffer l'eau avant d'y ajouter la poudre.
- Vérifier au préalable sur son poignet.
- Ne **JAMAIS** conserver un biberon déjà entamé et non fini !
- Bien séparer les éléments du biberon pour tout nettoyer partout (lait caillé sous le bouchon).
- Lui faire faire un rot.

Ne jamais forcer un enfant à manger.
Créer des assiettes ludiques avec les aliments !

Les céréales :

Les céréales permettent de lui assurer un apport énergétique suffisant, en complément des apports assurés par le lait.

La libido

La libido :

Baisse chez les femmes post accouchement. Des chercheurs canadiens viennent de mettre en lumière qu'il en était de même pour leurs compagnons !
Dans le cadre de cette étude, 624 hommes de moins de 30 ans qui venaient d'avoir leur premier enfant ont été suivis pendant 4 ans et demi. Les résultats montrent que le **taux de testostérone,** initiateur du **désir sexuel,** de ces nouveaux papas est divisé par deux juste après la naissance et **plus encore pour les pères très impliqués dans leurs nouvelles fonctions !**
Selon ces chercheurs, l'explication résiderait dans le fait que cette **baisse de libido** commune inciterait les nouveaux parents à focaliser leur attention sur leur bébé.
Reprise des câlins, c'est **1 mois** après bébé environ.

4 PRÉVENTION DES RISQUES

Sécuriser/Surveiller/Éduquer

SOYEZ TOUJOURS PRÊTS !!

9 fois sur 10 l'accident aurait pu être évité !

La première des règles de sécurité est :

ANTICIPER !

PROTÉGER- ALERTER- SECOURIR

- **Surveiller l'environnement et évaluer les risques potentiels** : tout ce qui peut lui faire prendre de la hauteur, le faire chuter (escaliers, meubles, piscines, etc… liste non exhaustive)
- Montrer et faire comprendre à l'enfant les risques qu'il encourt (ex : ne pas s'approcher de la cheminée, du four…)

<u>Attention !</u>

On ne compte pas sur la parole d'un enfant !

On ne laisse jamais un enfant seul et on ne demande pas à un enfant d'en surveiller un autre.

Plus il y a de personnes et moins il y a de surveillance ! (Mariages, fêtes, anniversaires…)

- Chaque année en France, près de 20.000 personnes décèdent dans un accident domestique. Des chiffres d'autant plus terrifiants que ces morts sont le plus souvent évitables. (2 pics annuels en mai et en aout, surtout en fin de semaine).
- 7 fois plus que les accidents de la route !
- Chaque jour en France plus de 2000 enfants (0-6 ans) sont victimes d'accidents domestiques.

Numéros d'urgences :

- 15 SAMU
- 18 Pompier
- 112 Numéro européen

QUELLE EST LA MEILLEURE STRATÉGIE POUR UNE SÉCURITÉ OPTIMALE ?

LA PRUDENCE EXTRÊME !

Objectif : zéro accident

1. Il suffit d'une seule fois et de quelques secondes.
2. **Les conséquences sur un enfant en bas âge sont souvent irréversibles.**
3. Les 3 premières années de sa vie sont une période de développement extraordinaire et sa soif de découverte est rarement tarie pendant que sa conscience, elle, monte très doucement.
4. On va forcément faire des erreurs (on est humains !)
5. <u>Personne d'autre que vous</u> ne peut avoir meilleure conscience des risques potentiels.

Quel est le point commun de très nombreux accidents ? Juste avant la catastrophe tout allait parfaitement bien ; rien ne laissait présager que…

Donc : « J'ai tout sécurisé, je peux me permettre de relâcher ma surveillance », ou « Ne t'inquiète pas, cela ne risque rien » = **NON**

C'est justement parce qu'il n'y a aucun risque apparent que je double ma vigilance !
L'inventivité des enfants ne connait pas de limites !

La majorité des accidents arrivent quand :
1 on est loin de chez soi (chez des amis par exemple) et
2 quand il y a du monde.

Quels dangers ?

- Les produits ménagers
- Les médicaments
- Les plantes d'intérieur
- Les diluants et dissolvants, pesticides
- Queues de casseroles, fenêtres
- Les substances pour adultes (alcool, drogues)
- Les prises, escaliers, tables à langer
- Les animaux de compagnie
- Les prises électriques

Attention ! Ne **jamais** laisser bébé seul que ce soit dans son bain, sur la table à langer, dans la maison ou dans la voiture !

Ne **jamais** transvaser un produit ménager (dans une bouteille d'eau par exemple), ni poser son transat en hauteur.

En cas de choc ne pas se précipiter pour relever l'enfant afin de d'abord pouvoir bien évaluer son état de conscience et autres blessures potentielles.

Toujours tenir votre enfant sur la table à langer

0-3 ANS
EN ROUTE VERS L'AUTONOMIE !

- Le langage
- La marche
- La propreté

Évolution de l'enfant et sécurité :

À partir de 3 mois

Un enfant commence à attraper les objets à sa portée. Prendre d'ores et déjà l'habitude de bien le tenir sur la table à langer. Un bébé de 3 mois peut se retourner.

Entre 4 et 6 mois

Un enfant commence peu à peu à se tenir assis, mais il n'est pas capable de **garder son équilibre.**

Entre 6 et 9 mois

Il se déplace en rampant puis à quatre pattes. Sa curiosité le pousse à toucher tous les objets qui sont à sa portée et à les mettre dans sa bouche. **Il risque de s'étouffer** avec des petits objets ou des petits aliments.

Entre 9 et 18 mois

Un enfant commence à se mettre debout puis à marcher et il explore le monde qui l'entoure. Il comprend progressivement la signification du « non ». Attention aux **chutes dans les escaliers**, aux **brûlures dans la cuisine** et aux **produits ménagers** et médicaments qu'il pourrait avaler.

À partir de 18 mois

L'enfant devient plus autonome. Il commence à comprendre les conseils et les explications des parents pour éviter les dangers, mais il veut les imiter. Il grimpe partout, ce qui augmente les **risques de chutes**. Attention aux **fenêtres ouvertes** !

À partir de 2 ans

Un enfant monte les escaliers. Il sait ouvrir les portes et part en exploration. Sa curiosité s'éveille, mais il n'est **pas encore conscient de la plupart des dangers**.

À partir de 3 ans

Il prend de l'assurance et se dépense beaucoup. Il parle et comprend de mieux en mieux. Il fait peu à peu la différence entre ce qui est permis et ce qui est interdit, mais **il n'est pas capable de mesurer les risques qu'il prend et les accidents sont souvent plus graves**.

Une fenêtre ouverte = une porte fermée

Je prends soin d'aérer la chambre de bébé quotidiennement, mais je n'oublie pas de fermer la porte !
Prendre cette bonne habitude, bébé va bientôt marcher et peut échapper à votre vigilance très rapidement.

Chaque année 300 enfants tombent d'une fenêtre

Ranger ses produits ménagers et son armoire à pharmacie en hauteur !

Attention murs et radiateurs à proximité du lit parapluie.

<u>Au quotidien</u> :

- Poids que l'on accumule sur les poignets des poussettes ! La poussette peut basculer en arrière et la tête de bébé va cogner le sol !
- Corniches
- Cigarettes à hauteur de tête d'enfant
- Bagages à hauteur de tête d'enfant

<u>Chez des amis</u> :

Le papa fait immédiatement l'état des lieux pour évaluer les risques potentiels !

Derrière une porte peut se cacher un escalier à pic !

Attention aux rebords des cheminées, piscines, fleuves et mares à proximité.

À la plage :

- Bracelet fluo avec N° de téléphone.
- Pas de bouées classiques.
- Ne jamais quitter son enfant des yeux !
- Attention au petit lange qui recouvre la poussette « effet fournaise » l'air ne s'y renouvelle pas convenablement.

La noyade sèche :

Surveiller l'enfant pendant au moins 5h après la baignade s'il a bu la tasse.

ATTENTION !

- Les briquets qui traînent.
- Enfant dans les bras = vision immédiate réduite (attention aux objets qui traînent, risque de chute de l'adulte avec l'enfant dans ses bras) !
- Bébé est dans vos bras : attention à sa tête en passant les portes !
- On ne demande jamais à un enfant d'en surveiller un autre !
- Toujours enlever le manteau, la veste de votre enfant avant de l'attacher dans son siège auto (même l'hiver)

EN VOITURE

Enquête : 66% des enfants de moins de 10 ans ne sont pas en **sécurité en voiture** !

Voyager dos à la route : jusqu'à 4 ans. RF

Voyager dos à la route durablement est 5x plus sûr pour vos enfants !

Dos à la route, la tête, le cou et la colonne vertébrale d'un enfant bénéficient d'une protection exceptionnelle, la coque forme un bouclier protecteur et absorbe le choc.
La pression exercée sur le cou est 5 fois plus faible avec un siège dos à la route (poids sur la nuque 50kg/300kg). Pourquoi voyager dos à la route : Les collisions frontales représentent 80% des accidents et souvent les plus graves.

Si l'enfant est orienté face à la route, son corps est retenu par les harnais alors que sa tête est projetée vers l'avant avec une force considérable. Suivant l'âge de l'enfant et la violence du choc, les épaules, la nuque et sa tête encore très fragiles peuvent subir de graves traumatismes.

Si l'enfant est orienté dos à la route, son corps est poussé au fond du fauteuil au lieu d'être projeté.
L'énergie d'une collision frontale est répartie uniformément sur la surface du siège et les zones sensibles du corps de l'enfant (la tête, le cou et la colonne vertébrale) sont parfaitement protégés.

LA MORT SUBITE DU NOURRISSON

Une enquête menée par l'Invs (Institut de Veille Sanitaire) constate que sur 400 décès inattendus de nourrissons par an, entre 230 et 240 sont dû à la mort subite du nourrisson. Et si dans certains cas la cause de cette mort soudaine reste inexpliquée (seulement 72% des parents acceptent une autopsie) l'étude, faite sur 17 départements révèle que 24% des morts subites du nourrisson sont dues à une **literie de mauvaise qualité.**

13% des morts subites du nourrisson sont causées par le **tabagisme passif.**

Autre chiffre intéressant : dans 90% des cas, la MSN se produit lors des 6 premiers mois de vie de l'enfant (dont la moitié à l'âge de 4 mois). **Les garçons sont plus souvent touchés.**

- Dans 50% des cas, bébé dormait sur le ventre.
- Pic de risque, entre 2 et 4 mois.

LA MSN :

1. **Coucher bébé sur le dos.**
2. **Jamais de couette.** La montée de la température corporelle entraîne un déréglement des contrôles respiratoires durant le sommeil. Inutile donc de trop couvrir votre bébé : une gigoteuse (à la taille avec boutons pression aux épaules) suffit amplement.
3. **Surveiller la température de la chambre.** Pour les mêmes raisons, veiller à ce que la température ambiante de la chambre ne dépasse pas 20 °C (sans descendre au-dessous de 18 °C).
4. **Éliminer le tabac.** Aucun doute n'est plus permis ! Selon de nombreuses études, le tabagisme des parents accroît de façon certaine le risque de mort subite, la fumée perturbant la respiration d'un bébé.
5. Pas de doudou en masse. Un doudou suffit.
6. Vérifier l'état de la literie (pas de matelas mou).
7. Tenir bébé 15mn à la verticale après son biberon.

COMPORTEMENTS DU FUTUR PAPA

- Faire des massages réguliers à son bébé : échange particulier, valorisation de sa personne, estime de soi, schéma corporel.
- S'occuper de son conjoint (baby blues)
  1 couple/4 se sépare dans l'année qui suit l'arrivée de bébé (Baby-clash).
- Il est très important de le prendre avec précaution et de toujours soutenir sa tête.
- Pour que bébé se sente en sécurité dans vos bras, prenez-le avec assurance.
- Parler à votre enfant quand vous vous approchez de lui pour le prendre.
- Ne pas mettre un bébé en positon assise s'il n'en est pas capable tout seul !
- Se rappeler que le comportement empathique (émotions+bienveillance) favorise la maturation des circuits cérébraux.
- Pour favoriser son éveil, utiliser un vocabulaire riche et précis. Nommer les objets, les actions, se servir d'imagiers.

L'hygiène de vie des parents est très importante compte tenu du fait qu'ils sont le premier exemple de l'enfant.

BABY BLUES

Un sentiment de dépression peut apparaître brusquement, d'autant plus bouleversant qu'il est inexplicable : c'est le syndrome du troisième jour, plus connu sous le nom de « Baby blues ».

Deux hypothèses :

La baisse brutale de la concentration en hormones progestatives très élevée pendant la grossesse ou le contrecoup des angoisses précédant l'accouchement, du regret de l'état de grossesse ou de la peur de ne pas être à la hauteur.

Le rôle du jeune papa est d'épauler son conjoint dans cette épreuve, lui apporter soutien et réconfort.

LE CO-DODO

Désigne le fait pour les parents de dormir dans le même lit que leur enfant en bas âge.

- La couverture peut remonter sur bébé et l'étouffer.

- On peut lui mettre un coup en se tournant.

- Il peut tomber du lit.

- Cela nuit à sa construction psychologique.

- Cela favorise la distance dans la couple.

5/6 Astuces et conseils

- Créer un **tableau-photos** (progrès, souvenirs), pour installer des habitudes et renforcer l'estime de soi de votre enfant.
- **Établir un code de communication clair et précis** avec son conjoint pour la surveillance de son (ses) enfant(s).
- Avoir son **doudou en double** et de nombreuses tétines en stock.
- **Problèmes de sommeil** : chant, musique et astuce de lui « mettre des rêves sous l'oreiller ».
- Apprendre à votre enfant le réflex de rajouter le mot : « encore » à sa phrase quand il vous dira : « je n'y arrive pas ».
- Raconter l'histoire du soir avec prosodie.

Créer une fiche pratique à la maison :

- Le numéro du pédiatre ou du médecin traitant
- Son propre numéro de téléphone
- Les spécialistes (kinésithérapeute, allergologue)
- Le centre antipoison de votre région - Centre de Paris :
  01 40 05 48 48
- SAMU : 15 - Pompiers : 18 - U.E : 112
- SOS Médecin : **36 24**
- U.M.P : 01 53 94 94 94
- Baby-sitter
- Crèche

- Grands-parents/amis

Bébé, que nous amenons en balade en voiture est souvent malade cet hiver alors que nous faisons tout ce qu'il faut pour le prémunir…

Penser à bien désinfecter son siège auto !

Créer une fiche pour les premiers jours de bébé à la maison et noter ses activités (dodo, nombre de selles/pipi, changes, temps d'éveil) idem maternité.
Surtout si vous avez des jumeaux ou si vous travaillez en horaire décalé.

Si votre enfant a une plaie, une brûlure, un urticaire, un œdème, ou autre, pensez à prendre une photo pour pouvoir suivre l'évolution de manière efficiente.

Nettoyer fréquemment son téléphone portable.

Attention à 'l'effet fournaise' du petit lange s'il couvre complètement l'ouverture de sa poussette ou du cosy.

Créer une 'Roue des activités' ou un parcours avec lequel votre enfant pourra interagir pour passer d'une situation à une autre.

Pour anticiper une tempête émotionnelle dans un lieu public, lui confier une mission avant de partir.

Proposer à votre enfant, pour éviter qu'il ne vous coupe la parole, s'il veut s'exprimer, a besoin de vous parler alors que vous êtes en train de parler vous même, de poser sa main sur votre avant-bras pour vous signifier son besoin de communiquer.

Sortie de crise avec son enfant :

Le laisser dissoudre ses tensions dans le jeu, le dessin, (dessiner la colère) une activité en tête à tête ou un gros câlin, verbalisation émotionnelle.

Clés comportementales pour réussir sa communication avec son enfant :

- Ne pas hésiter à présenter ses excuses à son enfant (si la situation se présente bien sur).
- Exprimer sa gratitude.
- Montrer l'exemple, pour l'aider à faire seul afin qu'il gagne en confiance.
- Parler de règles et de l'importance du respect de celles-ci plutôt que de limites.
- Je suis fier de toi ! préférer dire : 'J'aime te regarder..., je suis tellement heureux de te voir....' et faire montre de gratitude 'Merci pour ce...' par exemple.
- Associer un compliment descriptif à une expression de votre appréciation pour valoriser ses actes plutôt que de poser un jugement 'Super dessin, tu es fort(e)' dire plutôt : 'Bravo, tu as fait des contours sans dépasser et en plus avec des couleurs vives, j'aime beaucoup cela me fait très plaisir de voir que tu progresses' par exemple.

SANTÉ

Ces informations ne vous dispensent en aucun cas du conseil avisé d'un professionnel de santé !

RYTHME RESPIRATOIRE

La fréquence respiratoire normale est de :

- 40 à 60 cycles par minute chez le nouveau-né.
- 30 à 40 cycles par minute chez le nourrisson.
- 20 à 30 cycles par minute chez l'enfant.
- 12 à 20 cycles par minute chez l'adulte (et l'adolescent).
- Rythme cardiaque **70/100** : adulte et **100/140** : bébé.

JAUNISSE DU NOUVEAU-NÉ

Ictère :

- Cause : pigment jaune présent dans la bile sécrétée par le foie. Excès de Bilurbine = jaunisse. Apparaît habituellement de 24 à 48 heures après la naissance.
- Bébé est un peu coloré quelques jours après sa naissance, pas d'inquiétude !

Il existe un traitement simple et indolore : la photothérapie.

LA TOUX

**Ne pas donner de miel à un enfant
de moins de 1 an !**

<u>L'angine</u> :

Inflammation des amygdales souvent accompagnée d'une pharyngite.

Fièvre, douleur à la déglutition.

Virale : angine blanche (majorité des cas).
Bactérienne : angine.

<u>Les pétéchies</u> :

Petites taches en forme de point rouge.
Ne blanchit pas sous pression.
Surveiller la peau de son enfant.

Consulter rapidement !

La laryngite striduleuse aigüe :

Inflammation du larynx qui entraîne son rétrécissement.

Infection virale potentiellement très dangereuse.

Œdème de la trachée et du larynx qui rend la respiration difficile et bruyante « aboiement », toux rauque, voix enrouée.

Touche les bébés de 6 mois à 3 ans.

Complication : respiration bruyante, aigüe, avec un sifflement (stridor).

Humidifier l'air.

Consulter un spécialiste !

L'ÉRYTHÈME FESSIER

Affection cutanée bénigne et fréquente touchant le siège du nourrisson et d'origine irritative.

Si les fesses restent rouges, les lésions peuvent s'infecter sous l'action d'un champignon de la famille des levures, le *Candida*.

Causes : chaleur humidité frottement acidité, changes pas assez fréquents, poussées dentaires, certaines lessives, lingettes.

Si votre enfant présente une tendance à l'érythème fessier, appliquer systématiquement sur ses fesses une crème protectrice à base d'oxyde de zinc. Laisser bébé les fesses à l'air.

JAMAIS DE TALC SUR UN ÉRYTHÈME !

LA PLAGIOCÉPHALIE

- Syndrome de la tête plate.
- 30% des bébés touchés.
- Ostéopathie.
- Casque.
- Alterner le côté d'appui.
- <u>Une seule règle</u> : ne plus permettre l'appui sur la zone aplatie.
- Mettre bébé sur le sol où tapis d'éveil à plat ventre. Instinctivement il va avoir tendance à relever la tête ce qui va favoriser la remise en place des os crâniens. Séances courtes et quotidiennes.

LA BRONCHIOLITE

- Une bronchiolite commence comme une simple rhinopharyngite avec une légère fièvre, un nez qui coule et une toux sèche. Pic entre 2 et 8 mois.
- Symptômes : toux, respiration difficile, fièvre.

- Infection virale qui entraîne une inflammation des petites bronches. La bronchiolite est très contagieuse. Transmission par voies respiratoires, mains, linge, doudous. **Pas de traitement curatif, prévention.**
- La plupart du temps, la bronchiolite évolue sans complications et les difficultés respiratoires disparaissent spontanément en quelques jours.

<u>Bronchiolite</u> :

- Kiné respiratoire et lavage de nez fréquent.
- Éviter les lieux publics.
- Lavage très fréquent des mains et de ses jouets.
- Plan incliné.
- Si on a un rhume, porter un masque.
- Aérer la chambre de bébé.

LES RÉGURGITATIONS

- Rejet alimentaire passif lors du rot.
- Dans l'heure qui suit la tétée, le nourrisson rejette par la bouche du lait plus ou moins caillé en quantité réduite (une cuillère à soupe ou un peu plus), parfois à l'occasion d'un rot.
- Seuls les reflux fréquents qui freinent la prise de poids doivent inquiéter.
- Contrairement aux vomissements, les régurgitations surviennent sans effort.

LE RGO

- Le **Reflux-Gastro-Œsophagien** est la remontée du contenu de l'estomac dans l'œsophage, provoquant régurgitations douloureuses et vomissements (à ne pas confondre avec les petites régurgitations). Le RGO est surtout caractérisé par des reflux douloureux et éloignés du repas.
- Le RGO peut aussi être lié à une intolérance ou à une allergie aux protéines de lait de vache ou au lactose. Souvent, il se transforme en œsophagite, brûlure de l'œsophage et de la gorge liée à l'acidité des régurgitations.
- Plan incliné + Epaissir le repas.

LA VARICELLE

En fonction des symptômes de votre enfant, le médecin peut prescrire des désinfectants cutanés ou des antihistaminiques contre les démangeaisons.

- Empêcher l'enfant de se gratter, coupez-lui les ongles.
- Donnez-lui des douches plutôt que des bains (le contact prolongé avec l'eau freine le séchage des croûtes).

LES COLIQUES

Période : **15 jours à 4 mois.** Elles sont dues à des spasmes de l'intestin. Soudain bébé se met à pleurer, il se tortille, devient rouge et semble souffrir sans raison visible. Il est parfois ballonné, avec le ventre dur.
Les coliques du nourrisson sont bénignes et cessent spontanément.

Les coliques :

- Mettre son bébé sur l'avant-bras et se promener, ça le détend.
- Séances d'ostéopathie.
- Massages du ventre.
- Lait anti-colique.
- Biberons anti-coliques.

LA DIARRHÉE

La diarrhée aigüe :

- Augmentation du nombre de selles et modification de leur consistance.
- Se laver fréquemment les mains.
- Possibilité de se faire vacciner contre la gastroentérite à rotavirus (non obligatoire).

- Prendre des mesures diététiques : plus de lait ni de jus de fruit, donner du riz, des carottes cuites, des bananes, faire boire.
- Surveiller la tonicité.
- Isoler et désinfecter le linge et les jouets.
- SRO, probiotiques.
- Désinfecter le plan de change.

<u>La déshydratation</u> :

- 15% du poids initial signe d'extrême gravité.
- 10% du poids initial signe de gravité.
- 5% du poids initial signe d'alerte.

LA CONSTIPATION

- Faire boire de l'eau chargée en magnésium (sauf nouveau-nés).
- Jus de pruneau, raisin, orange frais, le matin.
- Masser son ventre.
- Compotes pomme/pruneau.
- Suppositoires glycérine.

LES CROÛTES DE LAIT

- Plaques jaunâtres et écailleuses, un peu grasses, s'installent sur le cuir chevelu et parfois aussi sur l'ensemble du corps. Si elles sont fort disgracieuses, elles peuvent également devenir très irritantes. Elles sont dues à une hyperactivité des glandes sébacées.
- Brosser les cheveux de bébé avec une brosse douce. Masser délicatement le cuir chevelu lorsque vous lui lavez les cheveux (ne frottez pas trop fort. Faites mousser simplement le shampoing puis rincer).
- Utiliser un shampoing doux préventif.
- Enduire les squames de vaseline après le bain.

LE MUGUET

- Le muguet buccal du nourrisson est dû à un champignon : la levure candida albicans. **Infection fréquente et bénigne** chez les bébés, quelquefois dès leurs premiers jours de vie.
- De petites taches blanches apparaissent à l'intérieur des joues, sur les gencives et parfois sur la langue. **Cet enduit blanchâtre ressemble beaucoup à de simples dépôts de lait.**
- Le principal risque : la prolifération.

LA CONJONCTIVITE

- Infection de la conjonctive (muqueuse de l'œil).
- Origine bactérienne, virale ou allergique.
- Rougeur, irritation, larmoiement, pus (si conjonctivite bactérienne).
- Sérum physiologique dans les deux yeux.

La conjonctivite est très contagieuse, l'enfant ne peut être gardé en collectivité.

L'INFECTION URINAIRE

- Surveiller le comportement de l'enfant.
- Couleur des urines dans la couche (foncées).
- Fièvre, manque d'appétit, vomissements, brûlures mictionnelles.
- Consulter un médecin.
- Faire boire l'enfant.

L'OTITE

- L'otite est une infection de l'oreille moyenne due à la complication de l'infection des voies respiratoires supérieures (rhume, rhino, angine...). Il y a obstruction des trompes d'Eustache : un liquide s'accumule dans le conduit auditif et appuie sur le tympan, provoquant la douleur. Du pus peut apparaître en cas de surinfection bactérienne. Elle est courante chez l'enfant et dans la plupart des cas, elle guérit rapidement.
- L'enfant se frotte souvent l'oreille atteinte, s'agite et semble visiblement mal à son aise. Souvent fiévreux, l'enfant mange à peine.
- Le traitement comprend des médicaments contre la fièvre et la douleur.
- Prévention : désencombrer le nez.

LES DARTRES

Les personnes ayant la peau sèche ou la peau sensible sont souvent touchées par les dartres.
Les dartres auraient pour origine un champignon, un microbe ou un choc émotionnel.

L'ECZÉMA

L'eczéma du nourrisson :

- Ou dermatite atopique, maladie inflammatoire chronique, à l'origine de l'eczéma, il y a l'atopie : une prédisposition génétique.
- Ce n'est pas une maladie grave, mais les lésions provoquées par le grattage peuvent s'infecter et laisser des cicatrices visibles.
- Hydrater la peau.

LA RHINOPHARYNGITE

La rhinopharyngite, appelée couramment rhume, est la pathologie infectieuse la plus fréquente chez l'enfant (virus).

La rhinopharyngite est une infection fréquente, bénigne, mais contagieuse.
Les voies respiratoires du nourrisson sont de petite dimension, c'est la raison pour laquelle toute obstruction causée par un œdème ou des mucosités peut devenir sérieuse.

La rhinopharyngite :

- Surélever son matelas.
- Enlever les éléments de son lit pour faciliter le passage de l'air.
- Moucher bébé fréquemment.

L'HYPOTHERMIE

- Refroidissement involontaire de la température interne du corps en dessous de 36,5 °C chez l'enfant.
- Couveuse, pièce chaude, vêtir l'enfant, bouillotte, faire boire un liquide chaud.
- Prévenir les secours.

L'HYPERTHERMIE

<u>Convulsion fébrile</u> :

- Chez l'enfant entre 6 mois et 5 ans.
- Bébé frissonne, car il a trop de fièvre, il devient pâle, se raidit, il est pris de tremblements incontrôlables, ses yeux se révulsent et il perd même connaissance, il s'agit peut-être d'une crise provoquée par la fièvre, connue sous le nom de convulsion fébrile. C'est très impressionnant à voir, mais l'enfant ne souffre pas.
- Laisser convulser.
- Examiner la température.
- Antipyrétique.
- Cela peut durer 30s comme 5 min.

LA FIÈVRE

- La température normale d'un enfant bien portant se situe entre 36,5 °C et 37,8 °C.
- Un bébé (plus de 3 mois) est considéré comme fiévreux lorsque sa température dépasse 38,4 °C (38 °C en collectivité).
- **Un nourrisson de moins de 3 mois qui a plus de 38 °C de température doit être amené chez le pédiatre.**
- **Avant 3 mois la fièvre est très rare et elle est provoquée 1 fois sur 4 par une infection sévère.**
- Déshabiller l'enfant.
- Le faire boire.
- Vérifier la température de la pièce.
- Contrôler sa température toutes les 30 min (la noter).
- Linge mouillé (pas glacé) sur la tête.
- Antipyrétique.

PIEDS/MAINS/BOUCHE

Le syndrome pieds-mains-bouche :

Bébé commence à avoir des petits boutons rouges dans la bouche, sur la paume des mains et la plante des pieds… Le syndrome pieds-mains-bouche est une infection virale qui touche surtout les enfants de 6 mois à 4 ans. Elle apparaît par épidémies, le plus souvent en été et au début de l'automne. **Très contagieux.**

L'IMPÉTIGO

C'est une infection cutanée **extrêmement contagieuse.** Elle touche surtout les enfants âgés de 2 à 6 ans. Votre enfant peut l'avoir contracté en touchant un autre enfant déjà infecté, ou un objet manipulé par ce dernier (jouets, serviettes…).

La bactérie responsable est un staphylocoque, et parfois un streptocoque. Pénétration dans la peau par une coupure, une éraflure, un bouton de fièvre, une plaque d'eczéma ou toute autre partie du corps où la peau est endommagée ou fragilisée.

Laver son linge séparément, laver ses mains. Couper ses ongles.

LE SPASME DU SANGLOT

- Le spasme du sanglot n'est pas une crise d'épilepsie.
- C'est une manifestation de colère, de rage, toujours provoquée par une frustration qui aboutit à la pâmoison avec perte de connaissance toujours réversible. Aucun son ne sort, l'enfant devient bleu, la cyanose s'intensifie et l'apnée survient.
- C'est impressionnant et non grave !
- Il faut que les parents évitent de tomber dans le piège qui consiste à ne rien interdire à l'enfant de peur qu'il ne fasse sa crise.
- Le spasme du sanglot est la cause la plus fréquente de syncope chez l'enfant de 5 mois à 3 ans.

LA SCARLATINE

- La confirmation définitive de la scarlatine se fait par un petit test rapide (médecin pédiatre) qui consiste à prélever des cellules du fond de la gorge avec un écouvillon et à les plonger dans un réactif.
- Souvent associé à une angine. Sa langue est blanche puis rouge et granuleuse comme une framboise. Après 24 ou 48 heures, une éruption de boutons rouges en relief va recouvrir sa poitrine, les plis des membres puis tout le dos et le ventre. Bébé aura aussi des boutons sur le visage, sauf autour de la bouche, c'est le « masque de la scarlatine ».
- Fièvre 39 °C.

L'ANGIOME

L'hémangiome du nourrisson :

Appartient au groupe des **tumeurs vasculaires**. C'est la tumeur bénigne la plus fréquente du nourrisson atteignant 10 à 12 % d'entre eux.

L'hémangiome apparaît durant les premières semaines de vie. Il se manifeste le plus souvent sous la forme d'un point ou d'une tache vasculaire prémonitoire.

88% des hémangiomes infantiles sont sans gravité.

Prolifération de vaisseaux sanguins en excès principalement au niveau cutané.

Il est important de le faire régresser avant qu'il atteigne son plein développement.

LA MÉNINGITE

<u>La méningite bactérienne</u> :

Infection grave des méninges (membranes qui recouvrent le cerveau et la moelle épinière). Les complications neurologiques peuvent être très graves.

<u>Signes</u> : vomissements, fièvre, raideur de la nuque, photophobie, céphalée, irritabilité, éruption cutanée (purpura : taches violacées qui ne disparaissent pas à la pression).

Cas d'urgence vitale !

La méningite virale est, elle, bénigne.

Pour favoriser l'environnement de son enfant, donc sa santé, aérer sa chambre 15mn tous les jours.

L'AUTISME

Altération des codes sociaux et affectifs :

- Répétitions.
- Hypersensibilité émotionnelle.
- Troubles du comportement.
- Difficile à déceler pour des primo-parents.

Ces écrits sur la santé ne se substituent en aucun cas à une consultation médicale ou aux conseils d'un professionnel de santé.

AUTRES - DIVERS

Congé de naissance
3 jours.

Congé de paternité
Ce congé a une durée maximale de 11 jours calendaires (samedi, dimanche et jours fériés compris). Le congé doit être pris dans les 4 mois suivant la naissance.

Congé parental d'éducation
1 an d'ancienneté. Aide financière possible auprès de la C.A.F. 4% des pères.

Également : sécurité sociale, CAF, mutuelle, fisc.

- Déclarer son enfant à la mairie dans les 3 jours (document remis par la sage femme).
- Faire sa carte d'identité (non obligatoire).
- Lui écrire un mot de naissance (de suite).
- Faire tout plein de photos (tous les jours).

INTERNET

- jumeaux-et-plus.fr
- pediatre-online.fr
- sosprema.com 0811 886 888
- SOS allaitement : 0800 400 412
- Grandir nature 0800 622 833
- Alloparentsbébé : 0800 00 34 56

Liste non exhaustive

Accepter, quand la situation vous échappe, qu'il puisse ne pas y avoir de solution forcément à tout.

Vous pouvez vraiment être un papa formidable, même si vous n'êtes pas parfait !

Il n'y a pas de prototype de papa idéal et pas de recette miracle !

Un papa va au bout de ses forces pour porter sa famille le plus loin possible.

Très belle nouvelle vie !

Annexe
Liste des équipements

- Lit de bébé, couffin, veilleuse, mobile, doudou, lit parapluie
- Gigoteuse, tétines, biberons
- Table à langer, baignoire
- Matelas à langer, alaise jetable
- Poussette trio/Poussette canne
- Siège auto, porte-bébé
- Plan incliné
- Humidificateur d'air
- Transat
- Chaise haute, chaise haute d'appoint.
- Rehausseur
- Transat de bain, anneau de bain
- Jouets de bain
- Thermomètre de bain
- Thermomètre
- Mouche bébé
- Pot et réducteur de toilette
- Baby phone
- Biberons, goupillons
- Tétines, accroche tétine
- Doudous, coffret souvenir
- Brosse à dent
- Pèse bébé (location)
- Kit repas, bavoirs, verre à bec
- Sac à langer
- Bouée bébé
- Couches waterproof
- Moustiquaire, brumisateur

- Lunettes de soleil, crème solaire
- Parc, parc d'appoint
- Tapis d'éveil
- Livres de comptines, imagier
- Hochet, maracas, xylophone
- Jouets de bac à sable
- Pare-soleil, triangle « bébé à bord »
- Extincteur de maison
- Bloque-fenêtre, barrière de sécurité.
- Cache-prise, tapis anti-dérapant baignoire
- Protège-coin de table
- Chauffe biberon
- Poubelle à couches, sac à couches
- Cotons, compresses, sérum physiologique, couches, lingettes, eau nettoyante, liniment, gel lavant.
- Huile de massage
- Crème cold cream
- Venimex

Liste non exhaustive

LES JEUX

3-6 mois Éveil des sens
Hochet, Tapis d'éveil, mobile

6-12 mois Environnement
Chariot de marche, objets à empiler, boites à formes, cache-cache/cou-cou, des CD de berceuses, petites balles en mousse, miroirs, maracas, anneaux de dentition, coussins sensoriels, tiges à enfiler.

12-18 mois Autonomie
Jeux d'assemblages, jeux à empiler, jeux d'encastrement, des CD de chansons, animaux, dinette, instruments musicaux, livres, puzzle à forme unique, boulier.

18-24 mois Imaginaire
Jouets musicaux, voitures, personnages (chevaliers), véhicules à tirer, des CD de danse, jouets musicaux, Kapla, clipo, porteur sans pédales, gommettes, marionnettes, livres, chariot de marche.

24-36 mois Coordination, mimétisme
Tricycle, dinette, marchande, garage docteur…) jeux de loto, peinture et pâte à modeler, porteur avec pédales, déguisements, xylophone, poupées, musique et cuisine.

Liste non exhaustive

Table des matières

À propos de l'auteur	7
Histoire	9
Citations	11
Objectifs d'une formation	13
Généralités	15
1 Équipements	**23**
L'accouchement	27
Bébé arrive	31
Les parents	33
Votre nouvelle vie	35
2 La communication bienveillante	**45**
Le jeu	57
3 Exercices pratiques	**61**
Le sommeil	65
L'alimentation	67
L'allaitement	71
Le biberon	75
La libido	77
4 Prévention des risques	**79**

Quelle est la meilleure stratégie pour une sécurité optimale ?	81
0-3 ans En route vers l'autonomie !	83
En voiture	87
La mort subite du nourrisson	89
Comportements du futur papa	91
Baby blues	93
Le Co-dodo	95
5/6 Astuces et conseils	**97**
Santé	101
L'autisme	119
Autres - Divers	121
Annexe Liste des équipements	125
Les jeux	127

www.ingramcontent.com/pod-product-compliance
Lightning Source LLC
Chambersburg PA
CBHW050647160426
43194CB00010B/1847

Rebuilding & Repairing Relationships

A Father and Son's Perspective

Trahern LaFavor, Ph.D.
Pastor James LaFavor

Copyright © 2024

All rights reserved. No part of this book may be reproduced, transmitted, or utilized in any form or by any means whatsoever, electronic, mechanical, or otherwise, including photocopying, recording, by any information storage and retrieval system, without full written permission from the authors.

For additional information or to book the authors for speaking engagements, please visit:
www.drlafavor.com or
www.Lafavorfamilytherapyservices.com

ISBN: 979-8-9861832-2-0